내일도 사람이 그립다

손 영 배 시집

제3의문학

<가족과 함께>

서 언

2008년 무자년 2월을 보내고 있습니다.
감히 인생의 늦가을에 접어든 인생 오십 후반에 시집을 출간한다는 발상부터가 격에 맞지 않아 고민을 거듭하다가 늦은 결심 후, 주야를 잊고 초안을 마무리하느라 수선을 떨며 밤새 불 밝힌 탓에 선잠으로 지새운 가족에게 미안한 마음 금할 길 없습니다.
이제 군문(軍門)을 떠나게 되어 짧은 식견의 글로 지난날을 반성하고 인생 후반부를 새롭게 설계하는 귀한 계기를 갖고자 시문(詩門)을 열었습니다.
몇 날 몇 밤을 숙고의 반성과 자문자답을 해 오면서 이왕지사 시인의 길을 걸으며 시집 한 권으로 군문의 하직인사를 해야 할 소박한 마음을 담고 여러 날의 고민 속에 안익수 시인님의 사랑의 말씀으로 오늘을 준비하게 되었습니다.
몇 편의 글 중 단 한편이라도 독자의 생각에 감동을 준다면 그것으로 보람을 갖게 되리라 생각하며 스스로 위안해 봅니다.
저는 1953. 5.17 (음력) 경북 김천시 황금동 81-1번지에서 손만석氏와 김순이氏 슬하에서 4남2녀중 장남으로 태어나 五父子로 아버지의 기분을 항상 즐겁게

해 드렸고, 생활의 여유가 없는 가난한 시절이었지만 참으로 즐거운 시절이었습니다.
74년 군문(軍門)에 들어와 꽃 같던 지금의 아내 김태순氏와 결혼, 2남1녀를 두고, 이웃 친지 여러분 덕에 장남은 결혼시켜 손자, 손녀를 보았으며 가정은 신앙생활이 주가 되어 다복하게 살았다고 생각됩니다. 다만 시골인지라 자녀들이 유학 다니기 힘들어 하여 미안한 마음 금할 길이 없었으나, 다들 상위권에 공부 잘하고 건강하게 육군, 공군으로 국방의 의무를 수행해 이 아비의 든든한 버팀목이 되어 주었습니다. 지난날 부대 생활은 지휘관, 선후배, 동료 덕분에 무사히 잘해 왔음을 고맙게 생각하며 때로 후배전우들을 지도, 독려 한답시고 몇 분들 마음에 부담준 것은 미안하게 생각합니다. 행여라도 마음에 상처가 되었다면 끈끈했던 전우애를 기억하며 사랑으로 보듬어 주시길 바랄 뿐 입니다.
이제 오십 후반, 남은 인생 길면 80, 짧으면 70인데, 살면서 잊을 것은 잊을 것이며 생각은 가급적 낮추면서 매일을 즐겁고 기쁘게 행복하게 살며, 있으면 있는 대로, 없으면 없는 대로, 신앙 양심대로 헌신봉사하며 더 좋은 일 찾아 살아 갈 것입니다.
끝으로 퇴역 및 시집 출판기념회에 후원해 주신 여단장님, 주임원사님, 문인 및 내빈여러분, 신앙의 아버지인 임인형 장로님, 지도 하시는 이세호 목사님, 그리고 문학박사이신 영북중학교 장기문 교장선생님, 더욱이 한국문단에 한 시인으로 추천해 주신 정공채 선생님, 안익수 시인님, 평생을 노심초사 헌신한 아내 김태순 권사님과 가족의 성원에 진심으로 고마움을 표합니다. 아울러 저를 아끼시는 모든 분들에게 거룩하신 하나님(절대자)의 가호가 충만하길 기원하며 인사에 갈음합니다.

여러분, 진심으로 사랑합니다.

2008. 2. 29.

영원한 제1기갑여단 전우 손영배 시인(장로) 올림

축 시

손영배 시인 「**내일도 사람이 그립다**」상재에 부쳐

안 익 수 (시인)

개천가에 오동나무 심듯이
모세의 지팡이가 또 그러했듯이
새 길을 열어
파랑새 소리를 꺾던
당신의 언어는
담장너머 화단에 꽃말이 됩니다
하늘의 심부름에 화답하며
시작의 종소리를 당기는
당신의 생각은 사람의 샘물입니다

동트는 아침으로
푸른 수레를 끌고 가야 할
당신의 내일도
바람과 손잡고 비탈길을 오릅니다

이 땅에 착한 씨앗을 뿌리다
사람의 산술로 창문을 열며
튼튼한 망치와
시퍼런 낫으로
구름을 다듬어
사람의 통로에서 여물 때
변두리 길섶에도
당신의 목청은 파란등 입니다

세상의 박한 이문을 손에 들고
동산의 물감을 찍어
사람의 벽에 그림을 그리자던
당신의 마당에는
지금 무지개가 핍니다

물심과 욕망과
쾌락의 문란한 낭비를
달빛 속에 묻고
날마다 꽃짐을 나르는
당신은 세상의 바람지게 입니다

< 차 례 >

◆ 2부 - 잔을 옮기소서

◆ 3부 - 바다는 운다

영북중학교 태권도부 창단식

1부

◆ 내일도 사람이 그립다

2006/02/28 20:09

떠난 사람들

웃고 떠들며 함께 했던 사람들
한 해가 저물어가니 그들이 보고 싶다
얇아진 지갑
먼지 들락이는 주머니를 채우고자
번뇌의 고민에 몸부림치고
몇 채의 기와집을 짓다 부셨다하며
밤을 하얗게 지새우고 있을거다
해 기우는 저녁
한 마리의 노루처럼 길게 울을거다

밤이 깊을수록 새벽은 가까워 오지만
삶의 끝자락에 깊게 파인 밭고랑
주름살에 굵어진 손마디
삶의 질곡을 노래로 반주하며
돌아간 저곳을 조용히 바라본다
온기는 새벽의 냉기로 채워지고
남은 흔적은 안개처럼 사라져
떠난 사람들을 그리워한다

겨울 그리고 봄

세상의 생명체가 겨울 속에 잠들어 있다
검푸른 바다와 인생의 욕망도

끝없이 진행하는 삶마저
체념의 회한 속에 조용히 잠들어있다

겨울이 깊으니 새봄이 찾아오리라
이 겨울에 새봄을 기다린다
가난하고 배고파 우는 이들이 있는 한
새봄을 기다린다

닥터지바고에 나오는
라라의 테마곡 선율처럼
아름다운 멜로디가
저 멀리 지평선 설원을 누비는
청춘남녀의 사랑노래가 들리지 않더라도
가난한 이웃이 있기에
겨울은 가야하고 새봄은 와야한다
한 세상의 한 사람은 나뿐이 아니고

타인들의 소유도 몫이 있다는 것을
우리는 천년만년 살지 않는데
한쪽만 덧없이 바라보는가

이 겨울 새봄을 기다린다
겨울이 깊으면 봄은 오겠지
움켜진 겨울이 모든 것 내어 놓고
빈손으로 돌아가면
대지는 소리 없이 새봄을 맞으리라

세 월

짐을 내려놓고
잊어야

내려놓지 못한 것
내려놓고
버려야

시간을 되새김질하고
곤충의 허물 벗은 껍질처럼...

이름 석 자
담아도 비워질 양
오늘도 젖은 옷을 벗는다

발자욱 (1)

길, 많은 사람들
길의 길을

살며
많은 일에
일순 떠나가야 한다

떠나가기 전 자욱들
순간 사라지는 것에
그림자...

먼 봄이 오면
남은 자욱을
새소리에 묻고 싶다

회 상 (1)

노구는 노구로다
쭈굴 밤탱이 검버섯 꺼칠하고
후미진 버섯같이 쭈굴 속의 껍데기
낡고 녹슨 파이프 같고 척추는 굽어지며
허벅지는 살 빠지고 탄력은 물풍선이며
뼈 가락은 녹슨 기계처럼 삐걱거리고
굳어진 살가죽, 눈의 총기는 휑하니 비어있고
깊은 밭고랑은 거름기가 없어
가을바람에 흩날리는 흙먼지 같지만
민들레 솜사탕이 세상의 파란 하늘에
씨를 날리고 있다

어느 가을 운동회 하던 날
할아버지가 나이어린 손주
물려주던 눈깔사탕처럼
인생은 여전히 달콤하기도 하고
그때가 절절히 그립기만 하다

비 오는 날

하기 싫은데
가기 싫어도 종용에
눈치에 이끌려
거리를 달렸다
많지도 않지만
많은 사람들이
모여 있고
자꾸만 많아진다
박○○, 고○○, 손○○
그리운 이들도 있다
만나기 싫은 이들도 있다
오가며
시커먼
하늘을 삼키고
시간 내어
돌아왔지만
여전히
까만 하늘이다

백발(白髮)의 시작

흰 머리가 보인다
겨울날 순백의 눈가루가 되었다

허나 덧없는 눈발이 떨어진다
바람과도 놀다가

짧은 세월은
하얗게 녹아들다
산비둘기와 친구하겠지

부 모(父母) (1)

어느덧 부모가 되었네
부모가 되어야 그 심정을 안다는데
늦은 가을날에 더더욱 그리워지는...

여전히 잘 모르겠네

나의 인생은 부모님 뒤를 따라
한발 두발 그 길로 가고 있네

빛바랜 사진 한 장
꺼내 놓고
지난 세월
다시금 그리워지는

그 사진을 닮아있네

미운오리새끼, 코털 (2)

제목이 조금은 길다

늘어지는 오후
코털이 까불댄다
골라잡아 뽑았다
정말
따끔한 순간에
항변은

한 생명의 존재 의미도
뿌리 채 사라진다

일말의 변명도
사라지고

언제쯤
갈무리 잘하면서
미운 오리새끼, 뽑혀진
코털 신세는 면 할런지...

아내 애찬(愛讚)

인생의 그림자 태어날 땐 남
세상에선 친구 그리고 동반자
남남으로 만났다 죽마고우(竹馬故友)로
해준 것 없어 눈 흘김 당해도
봄눈 녹듯 풀어지는 아내

세상의 숱한 오물을 뒤집어 써도
찾아와 위로하고 씻겨주는 그대
밤탱이 굼탱이 묵탱이 바보소리
들어도 숨죽이고 위로해준 아내

돈 없고 빽 없어 무지렁이로 못생겨도
무거운 몸 일으켜 기도로 밤새운 아내
비 오는 날 동구 밖에서 눈 빠지게
그제나 어제나 기다려주는 아내

월세, 사글세방, 전세방 전전하며
주인집 돼지 똥 도맡아 치워준 아내
펌프질로 손바닥 굳은살 박히고

헤라클레스 같이 알통 굵은 아내

조금만 즐겁게 해주고 전투복 뒤춤에
천원짜리 하나에도 큰 돈 번양 좋아하고
믿는 도끼에 발등 찍혀 상처받아도
순덕이 같고 쑥떡 같은 아내

잠못 이뤄 까만 밤을 하얗게 지새울 때
함께 밤새워 하얀 길 밝힌 아내
T.B.[1]로 병들어 아파 누웠을 때 삼밭에서
죽어라 일당 벌어 병 수발해 준 아내

아들 둘, 딸 하나
튼실하고 머리 좋은 사람
낳고 키운 고마운 아내
수다쟁이로 소문 안나
좋은 남편소리 듣게 한 고마운 아내

탱탱한 볼에 겹겹의 주름이 잡히고
말갛던 콧등에 붉은 실핏줄, 머리엔 잔설이
허리는 할미꽃처럼 구부러지고
발바닥엔 두껍게 박힌 굳은살

---

1) T.B. : tuberculosis 결핵

세월에 얼룩지고 얇아진 손바닥
목덜미는 어느덧 늘어지고
젖먹인 유방은 늘어져서
바람 빠진 풍선, 쭈굴탱이 수세미처럼
덩그러니 매달린 얇은 가슴
나는 그 가슴이 좋다

한때를 풍미하던 지금의 그 모습이
나는 죽도록 좋다!

그대는 작은 빛이요 소금이니까

내일도 사람이 그립다

별밤에 나는 우중에 잠겨 있다
별밤에 나는 바람을 센다
태어나 기뻐 울고 웃다가
빗줄기 뿌려 줄이 있을런지

어쩌면 동반자 기대 할 수 없는데
혼자만의 아스라한 기억으로
토하지 못할 그림자까지
망각의 도화지에 그림 그린다

내 나이 후반에
혹, 많은 것을 베푸는 자리라면...
난 줄 것이 없음을 탄식하며
시 한편 남겨
한참의 세월이 흐른 뒤에
가슴속을 후벼 파게 해 줄 수 있으면...

별밤에 반짝거리던
세상의 그들과 눈 맞춤 하거나

혹은 그들도 나를 그리워 할런지
별밤에 초롱초롱한 별들이
낮에는 얼굴을 내밀 수 없어
어둠을 의지하여 나 여기 있음을 노래한다
지금도 사람들을 그리워한다

부 모 (2)

양파 껍질을
벗기다 보니
눈이 시리다
짜증내고 지나온
세월
이제 나의 아이들에게
양파 껍질을
벗기라 하니
눈 시리다 투정하네

처 서

한낮의 더위도 어느덧 엷어지고
절기(節氣)는 처서(處暑)라
조석(朝夕)으로 서늘타
미명(微明)의 새벽에 기도하고 오는데
콧속이 맹하고 시큰하게 변한다

어느덧 뜨겁던 여름은
서서히 꼬리를 감추고
서늘한 기운이 자리를 잡는다
인생도 자연을 추월(追越)할 수 없으니
삶의 유한(有限)함이 애달프기 그지없다

가야할 길은 막을 수 없으니
아웅다웅 챙기려다 가고 만다
미처 챙기지도 못하면서
애기 똥 싸듯 용만 쓰다 가는구나

여 명

새벽이 오는가 보다
새로운 내가
하루를 부여 받았다

생명의 불빛
새로운 생명은
다시금 태어났다

아름다운 인생
시작할 때
잘해야 한다

다시금 쓰러지는
후회스런 날이
아쉬운 날이 오기 전에

피안(彼岸)의 세계

많이도 살았어라
부모님 들으시면 노(怒)하시리라
발가벗긴 속살을 보이는 것처럼
인생 오십 반이 부끄럽다

남은 세월이 얼마인가
어떻게 살았던가
허무한 인생길 생각하면 할수록
미안하고 부끄럽다

남은 세월은 얼마나 있을까
어떻게 살아야 잘사는 걸까

괴로운 절규가
아픈 속을 후벼 판다
내 한 몸 쉬일 곳은 그 어디런가
혹이 피안의 세계는 아니리라

우리 손주

어미 뱃 속에서 기쁨을 나눠주며
열 달을 소리 없이 커온 손주 녀석
한때는 딸일까, 아들일까
궁금증을 자아내게 한 우리 손주
세상에 태어나
큰 울음소리 한번 내더니
한동안은 계속 잠만 자더니
이제는 먹고 자고, 자고 먹고
하루가 다르게 자란다
생육하고 번성해야하고
성서(聖書)에 자식은
장사의 수중에 담긴 화살이라 했는데
이 녀석은 분명히 큰일을 해 낼
많은 사람들을 챙겨줄 녀석이다
진정 하루가 다르게 자라는 손주 녀석
이제금 나도 늙어 손잡고 오솔길 가며
세상을 노래할 날이 머지않아 오리라

희열(喜悅)의

산다는 것은 곧 죽음이다
희열 뒤엔 고적한 무덤
산머리에 뭉거져 누워 있는
작은 봉우리엔 우거진 잡초
한 과거의 죽음이 현재의 껍질
한때를 풍미했던 그는
누운자의 봉우리가 되려는가

살똥 죽을똥 모르고
설쳐대는 잘난 군상들아!
밟고 올라서 봐야
이제는 산새들 모여서 벌레 잡고
쉬면서 히히거리며 하얀 똥 싸는
망각의 거름더미가 되었고

모닥불의 희열의 끝은 잿더미
거름더미의 친구였노라

바닷가 (2)

하얀 재
바람에 날려 흩어지고

젊음

불나비처럼
떠나가는 길

겨울바다
모래 밭 곁에
추억을 경작한다

피 끓는 한때
모닥불의 잔영(殘影)만 남아

파도는
빈 가슴 태고의 빙하기만
지키고 있다

아쉬움 (1)

생신을 진심으로 축하 드립니다
항상 건강하시고 만사형통하시며
남은 생활 잘 마무리 하시길 빕니다

어느 날
생일축하 카드에
묘한 기분이다

산자락 가꾸어
씨 뿌렸더니
새들이
들쥐도
잡초와 살아간다

회 상 (2)

골목어귀

앳된 얼굴들
지나가는 뭇 남정네
손목 잡아 이끌다
동리아낙네
악담이 소란스럽던
시장 통 하숙집 골목

수치심 숨기려고
진한화장, 빌려 입은 색동옷

술 취한 뭇 사내
기둥서방...포주
허물 벗은 누에처럼
늙은 처녀와 어린 소녀들
지금은 어느 하늘아래
옛날을 잊으려 열심히 여자답게 살겠지
숙명 같은 고통속의 불쌍한 우리 누이들

낡은 사진 한 장

빛바랜 사진 속에
젊은 사람 셋
남자 두명 여자 한명
참...
많은 세월 흐르고 또 흘렀다
사진은 낡았으나 꽃피는 봄
사람들은 젊다
돌이킬 수 없는 인생의 저곳은
정홍용 인사참모님은
어느덧 ㅇㅇ부대 지휘관이고
손영배 인사담당관은
전역(轉役)전 직업보도 파견중인데
김태순 부인은 할머니가 된 권사님이요
아쉬운 나날들 돌이킬 수 없는 그날들

그때 우리 참모님은
참 지혜롭고 멋있었다
모두가 부러워하는 존경의 대상이었다

그 바람에 이 못난 나도
많은 혜택과 은혜를 입어
부러움의 대상이었다
사모님 또한 참 속이 깊고
생각이 넓은 분이셨다
간부와 가족들 그리고 병사들까지도
가족처럼 친구처럼 살갑게 대해 주신
따뜻하고 아름다운 분이셨다
이제는 그때가 다시 올 수 없으나
남은 세월 더 좋은 일만 있도록 기도하며
애틋한 마음으로 그분들을 그리워한다

눈 내리는 날의 단상(斷想)

선거로 인하여 우리나라가 태풍을 만났다
악법도 법인데 인정하지 않으려 한다
어른 아이 모두 촛불 들고 모였다
이기고 지고의 힘겨루기만 있고
국민의 기본예의와 질서는 모연하다
정책은 뒷전이고 국민조차도 안중에 없다
몇 사람 모아놓고 모든 국민의 소리라 한다
우선은 이기고 봐야겠다는 생각만 팽배하다
옳고 그름과 맞는 것의 개념이 사라졌다
내편, 네 편에서 결정되는 편 가르기만 있다
새벽 예배시엔 눈이 오지 않았는데
온천지에 하얀 눈이 가득히 덮여져 있다
덮어 버린다고 될 것은 아니지만
그래도 깨끗하니 좋고
여름엔 비, 겨울에는 눈, 축복받고 선택된
아름다운 대한민국이요 강산이요 사람들이다
이 세상은 나 혼자만의 것이 아니다
대대손손 자손만대 물려주어야 할 강산이다
곱게 간직하여 물려주어야 할 것이다

문화, 자연 사람도 깨끗이 관리하며 물려주어
아름다운 대한민국이 되어야한다
그러나 돈만을 자식에게 주려한다
올바른 생각과 사람다움을 물려줘야 한다
아름다운 대한민국을 기대해 본다

어느 잊은 일

비 내리고
이름 모를 새 한 마리 날아간다

작고 까만 눈
빗물 맺혀
외로운 눈물인지
어떤 눈물인지

어느덧
창밖은
안으로 들어오고
뒤안길도
세월의 내 속으로 들어왔다
일요일 오후는
그렇게 안으로만
내달리고 있었다

노 년

새해 새봄을 기다린다
그러나 인간은 두 번의 봄은 없다
중년은 가고 노년이 올 것이다
젊다는 것만으로 방황하다 철든다
철들자 노망이라 철들긴 싫다
세월은 죽기 살기로 오며 피할 수 없다

오가는 나날에 어느덧 잔주름 늘고
파인고랑에 소채나 심어보고자 하나
쩔은 소금기에 농사가 될 리 없고
소쟁기 너머로 홀 깃 사람 바라 보다
고랑은 무너지고 음매 소우는 소리
해는 서산에 걸려 석양의 아름다움
풍경에 넋을 빼앗긴다
하루를 살아도
아름다운 생이면 좋으련만

하얀 쌀밥에 간 고등어 익혀 먹으니
그나마 삶의 기쁨은 내 곁에 있다

돈

평생 돈이란 놈 때문에 돌고 돌았다
월세금 제때 못내 망신살 당하고
도시락 제때 못싸 거지신세 면하지 못했고

집 한 칸 지으려 땅 몇 평 저당 잡히고
저당 잡힌 땅 사서 집짓고 IMF만나
이자내다 목돈 한번 만지지 못했고
월부 쓰다 이자주다 고문관 되고
기웃거리다 귀는 웃자라 버렸고

티끌모아 태산인데 바람에 날아버린 티끌로
이것저것 못 채운 통장만 덩그러니 나를 본다

봉사에 천당 갈 꺼라 목내 놓고
대출 상환에 걸려 자식 전세 못 얻어주고
학자금 완납 못해 속은 새카맣고
괜한 미련이 지나쳐 화를 부르고
내용도 관심이 없다보니 나락(奈落)은 깊고 넓다

멋있고 공감 받는 시인 되려고 하니
입에 풀칠조차 못해 거미줄 치게 되니
두어 달 남은 봉급줄에 마누라 등골 파먹고
호의호식에 눈치만 높아지고
새벽시간 찬바람이 빈 전깃줄을 때린다
차라리 확신만 있다면 바람과 함께
저 멀리 가고파 눈을 꼭 감는다

살아야 하는 이유

살아야 하는 이유는 머리에 있다

희망도 기쁨도 주었지
지금은 껄끄러움과
섭섭한 마음을 주고 있지 않는지
덕스럽지도 이익을 주지도 못했겠지
지금의 내 모양대로 보면 그리 했을 거야

어느 사회나 자리 뜨면
캄캄한 밤의 별이나 흐린 날의 오후
취객이 노래 부르며 밤길가다
쳐다보는 별밤은 있겠지
뜨거운 눈물이
별들의 눈을 팍팍 채우리라
우리 아버지도 한때는 꺼이꺼이 우시면서
사람들처럼 살아야 하는 이유를
찾고 또 찾으셨으리라

어떤 시인

세상을 아름답게 슬프게
시인답게 봐야하는데
그렇지 못하다
이면의 높낮음 깊고 얕은 세상사를
읽어야 하는데 뼈 속이 시려온다
도끼자루 썩는 줄 모르고
바둑 훈수에 세상을 팔았다
감았던 눈 떠보니 한밤중이라
돌이킬 수 없는 캄캄한 밤
한번뿐인 것을 미처 몰랐다
어디로든 흐르는 것을

벗은 몸 숨길 데 없고
나목만이 나를 아는 체 한다
황망한 마음
그래도 시인이니 시인답게 살아보자

몸 풀고서

두어 달 뜨끈뜨끈
몸 풀고 지져서
쌀밥에 미역국 간맞지 않아도
새로운 식구 밥 만들고자
하루 대여섯 일곱 번을 먹는다

삼복더위 문 닫아 걸고
긴 내복 꺼내 입어
찬 기운 막는다며
두 달은 그리 보내었다

시도 때도 없이
깨고 울어대는 아이
밤낮 없는 젖 물림

새 생명 탄생의 기쁨과 고뇌
우리의 생명도 한 어머니의
인고의 보살핌이 아니런가

한 가족 모여 살다 휑하니 떠나니
고적한 외로움에 가벼운 살떨림이라
어느덧 나도 늙어, 사람이 그리운
얇디얇은 후반부가 지나가누나

달무리

밤은 깊어 가는데
달무리가 보인다
가운데 있는 달은 보이지 않고
달무리만 아름답다
달맞이꽃이 생각나
달무리만 보이는가
검은 하늘에 유난히
달무리가 아름답고
검은 땅에서는
달맞이꽃이 아름답다
모두 다 아름다울 수는 없지만
달무리는 아름답다

겨울속의 나

눈바람 맞으며 내동뎅이 처진
나를 내가 보고 있다
생성과 소멸되는 반복
망각의 순간
그 허망함에 가슴앓이 한다

산위의 외딴집 같은 적막함이다

푸르름은 어디 가고
빈 가슴만 남아있다
북풍한설 찬바람
홀로 날아오르는 한 마리의 새는
태양빛을 받기 위해 차고 오른다
빛나게 살리라

혼자가 아닌 길을 나 홀로 서있다

2부

◆ 잔을 옮기소서

잔을 옮기소서

젊은 날 열심히 땀 흘리며 살아온
그것 밖에는 없는데 이즈음 그는 왜
생로병사(生老病死)가 인생길이라 하지만
병이 들어야 할 이유가 무엇인가
까만 멍울진 가슴과 배에는 복수가 차고
호의호식(好衣好食) 한 것 없이
열심히 살아온 죄 밖에는 없는데
왜 그들의 기도는 들어주지 않는가
예수께서 잡히기 전
겟세마네 동산에서 기도 하실 때
갈보리산상에서 십자가에 매달려
돌아가실 때에도
하나님은 그 고생을
다하도록 놓아 두셨는데
무슨 큰 뜻을 이루시고자 저리 두시나요
주여! 저들의 쓴잔을 옮겨 주소서
저들은 평범한 인간이며
소중한 아들이 아니나이까!
주여! 잔을 옮겨 주옵소서

세상의 바보

잘 나오지도 않는 볼펜을 죽어라 휘갈기는
나는 세상의 바보로소이다
보이는 파멸과 승리가 눈앞에 있는데
구분 못하는 세상의 바보가 이 몸입니다
앞날의 모습이 확연히 드러나는데
찾지도, 확인하지도 못하고
사막에 없는 오아시스만을 찾고 신기루를 쫓는
나는 바보로소이다
기대반 실망반 복권 판매소
기웃거리는 한심한 바보로소이다
많은 사람들...
지휘관 선배 동료 도움으로 직장생활 해 왔고
특히 가족의 도움을 감사해야 하는데
감사치 못한 바보로소이다
여호와 하나님 은혜를 배은망덕한
세상의 바보이니 모든 것을 용서 하소서

망각이 될까

잊어야 하고 비워야 하고
내려놓고 살아야 한다는데
그것만이 아름다운 세상을
그리워 할 수도
잊을 수도 있는데

아프간에 억류된 우리 동포들
성질대로 했음 선전포고라도 하고
다윗처럼 확 처 들어 갔으면 좋겠다
좋은 일 하려다...
불쌍한 우리 동포
먹지도, 자지도, 오지도 못하는
뼈를 깍는 절절하고 답답한 심사를
죄 없는 목사님 성도님 생명도 앗아간
묵과할 수 없는 못난 사람들
이들도 하나님의 자녀라고 할 수 있을까
생각해 봐야한다

안 연(晏然)

마음이 편안하고 태평스럽다면
세상사 재미가 없겠지요

국가가 평안하고 태평스럽다면
국민들이 재미없어 못살겠다 하겠지요

한쪽에선 데모하고 반대쪽은 막기 바쁘지 않으면
메스컴에서 할 일 없어 적적해 하겠지요

국가와 국가가 줄다리기 하지 않으면
UN이 할일이 없어 심심해 하겠지요

어항속에 성질 싸나운 놈이 살아야
딴 물고기 몸놀림이 빨라져 생기가 돌겠지요

늙은 마누라 잔소리 없으면
돈 없어 못 사먹는 보약대신 참 다행이라고
유일신 대신하는 주의 사도(使徒) 생명의 말씀도
강약(强弱)이 없으면 성도들 졸기도 하는데

듣는 분 보는 분 용서하세요
더운 날 정신 빠진 넋두리 한번 하였지요

앙 망(仰望)

떠가는 뭉게구름아
나를 데려가 주렴
세속의 짐 벗어 던지고
훌연히 가고 싶구나
알지도 기억해 주지도 않는 먼 곳으로

이제금 빈손으로 왔다
빈손으로 가는 목숨
무엇이 아까워 손에 쥐고 가려느냐
모든 것 내려놓고
훌연히 가고프다
세속에 물들지 않은 무구(無垢)한 곳에
떠가는 뭉게구름아
무심한 나를
무구한 곳에 데려다 주려무나
걱정 근심 없는 아름다운 곳으로...

무 제(無題)

강원도 안에 평창 그리고 정선
강원도 아리랑 정선아리랑의 가락이
구성지게 울려 퍼지는 아름다운 고장
아프간 오지에선 동포들이 죽고 있는데
우리는 여전히 달리고 있다

고통에 몸부림치고 꿈에라도 보고 싶은 얼굴
보고자 하나 볼 수 없는 우리 성민(聖民)들
그들에게 내가 해 줄 것은 무엇인가
죽음의 고통에 괴로워 할 때
우리는 레일바이크를 타고서
시원한 공기와 파란하늘과 초록의 나무들
흐르는 푸른 강물을 감상했다
세상은 공평한 것인가
과연 세상은 공평할 수 있다고 보는가
다시 상념에 빠졌다
主는 그들을, 아니면 큰 섭리를 위해서
인간의 나약함을 테스트 또는
욥[2])의 곤고인가 시험함인가

---

2) 구약성서 욥기에 등장하는 고난을 믿음으로 이겨낸 인물

섭섭함에 기대어

법(法)을 만들면 죽기 살기라
안 만들면 안 죽고 살터인데
세상은 어지럽고
가진자의 횡포가 있다는데
누가 횡포를 부리고 있는가

책이 나왔다 그래도 보여주고 싶고
알리고 싶었는데 반응이 시큰 둥
그것도 가까운 사람이
칭찬은 못할망정
기분이 비온 뒤 해 질 녘이다

방문을 닫아걸고 고민에 빠졌다
해야 하나 말아야 하나
해온 게 아까워 목구멍까지 차오르는
애끓는 아쉬움에 고뇌를 삼키며
나는 외로워한다
독생자 예수도 나사렛을 떠나 타향객지로 갔는데
나 같은 낮은자야 오죽하련만

비 천(卑賤)

나는 비천에 처할 수 있는가
어느 곳 오라 하는데 없어도
용감하게 갈 수 있는가
세상 저어기 낮은 곳 까지
미련 없이 갈 수 있는가
사람들이 싫어하고
인간대접 안 해 주는 곳 까지
갈 수 있는가

권불십년(權不十年)이라 했는데
있다가 사라질 수 있는가
때가 되면 모였다 흩어지는
야합의 장을 보고 있지 않는가
피라미 떼 지듯 많이들 모였다가
순간 사라지고 없다
좋은 이름 남기면 다행이련만
담장 높이 갇힌 곳에 이름석자
크게 박혀도 부끄러워 않는가

이삭줍기

내손에 있는 것이 모두 내 것 인 양
마구 물 쓰듯 써대는 사람 있다
남에게 나눠 주도록
가지고 있는 것을 알아야 함이다

사람은 저마다의 능력과 수완이 있는 것
오르락 내리락 할 때 낮은 자는 높은 자의
높은 자는 낮은 자의 고통을 이해하고 나누라

산다는 것은 유한정(有限定)이라
해야 할 많은 일들 칭찬받고 하직하라
잘산다는 것은 삶의 뜻, 잘 이행할 때
그 가치가 있는 것

사람들아!
나만 호의호식(好衣好食)
세상 떠나면 그 죄를 어찌 면(免)하리오

심 방(尋訪)

전화소리...
심방 가자신다
"예" 대답하고
시간 맞춰 따라 나선다

정성들여 기도로 간구하면서
좋은 은혜의 말씀 듣고
그 집 얘기, 기쁜 얘기 하면서

심방을 마치고 돌아오는 데
개운하고 즐겁고 기쁜 마음

내가 오히려 은혜가 되고
주러 갔다가 나눠 받고
돌아오는 즐거운 기분

약 속

만나야 할 사람 만나지 못하고
만나지 않아야 할 사람 만났네
어긋난 위약(違約)은
세상에 부지기수(不知其數)라
오늘도 비 내리는 버스정류장에서
오가는 이들을 살펴보고 있다

찾아 봐야 할 사람
찾지 못한 아쉬움에
작은 가슴은
새까맣게 숯덩이가 되고
하염없는 눈물 자위는
새벽에 눈 비비고
찾아가는 토끼의 샘이라

잃어버린 삶을
내 것으로 찾아
남은여생
모나지 않게 살아 보리

짧은 숨통 끊어질 그날까지
아쉬움 접고 이웃과 화합하며
종교 잘 지키고 희락(喜樂)을 찾으면서
웃으며 살리라
비에 젖어 추위에 떠는 참새 꼴 나지 않도록

가 정

만나 정들어
생명에 의미를 부여하고
제 몫을 다하여

자연의 역경을 이긴
새 생명
나누던 이야기
우리들의 울타리

생명의 탄생과
가정의 아름다움과

새로 이룬 보금자리
행복해야 한다

허 상

한때의 푸르름
거울에 비친 모습

바람
바람타고
지나간 그 자리

새로운 이가
한때를 풍미하던

지나간

떨어지는 빗줄기
날아간 저 새
그림자만 남았다

죽음, 주검 (2)

아름다운 세상이건만
왈가왈부(曰可曰否)한다
선한 사마리아인처럼
목숨 구해주기도
사람을 해치기도

회개(悔改)하지 않는 잘 난 사람

대성 못해도
아름다운 죽음, 칭찬받는 주검
묘비와 꽃바구니 선물

삶의 종착역은
죽음과 주검에
걸어봐야
후회 없는 삶
성실히 산다

아쉬움 (2)

생신을 진심으로 축하드립니다
항상 건강하시고 만사형통하시며
남은 군생활 잘마무리 하시길 빕니다

어느 날
생일 축하 카드에
묘한 기분이다

산자락 가꾸어
씨 뿌렸더니
새들이
들춰도 새순마저
잡초만 밀림을

신앙은 적막강산
혼자 일 때
간절 하오만
인생들은 내동댕이치고
아릿함만 절절하다

발자욱 (2)

길, 많은 사람들

제 갈 길의 길을
살며
많은 일에
일순 떠나가야 한다

희노애락에 생로병사
차가운 가슴

떠나가기 전 자욱들
순간 사라지는 것에
그림자

새봄이 올 그 먼 훗날
새소리에
대나무 소리라도

이삿짐

만나 섬기고
살다가 헤어지는
우리의 뒷모습은 진정 아름다운가

삶의 고통 속에서
기쁨과 희망을 품고
희망은 새로운 시대를 이루어
열매 맺고, 또다시 꽃 피우고

그것들이 이삿짐 싸는 이유런가

돌아가는 그 길은 순서가 없어
우리도 언젠가는 싸야할 이삿짐
삶의 무게만큼이나
많으려나 적으려나 생각하며 살으리

(배미경 사모님 이사가실 때)

주의 종과 목자

영혼의 안식을 위한 안내자의 길
그 길은 아름답다
삶의 혼란 속에 안정되고
꼭이 가야할 곳 알려주는
주의 종이신 목자
육의 양식도 중요하지만
영의 양식을 위한 목자의 노력
숭고한 조물주의 뜻이어라
자신을 불 태우는 촛불같이
생을 태운다
각각의 사람들이 공격해도
의연히 흡수하는 스폰지 같은 목자
십자가에 달려 죽으시며
인간들의 죄를 대속하신
주님보다 더 진하게 기도하며 아파했다
기쁜자와 병든자 함께 나누고
하루는 하나님의 마음을 품고 사는 자
그도 때때로
사람으로의 고뇌로, 가족의 일원으로

아버지로 남편으로
쓰디쓴 우슬초의 고뇌가 있으리라
세상을 아름답게 하늘나라 인도하는
귀중한 소임 받은 주의 사자에게 찬사를 보낸다
동역(同役)하는 모든 이 에게도
같은 노력이 있으리라

동 경

인간의 심리는 괜한 관심에 있다
시기심을 조장하고 질투심을 야기시킨다
태어나 살다가 그 곳엘 갔다
스치는 바람은 감미롭지만
영원한 것은 없다
인간은 흘러갈 뿐이다
낙엽도 나와 함께 간다
잎새가 매달려 발버둥치다 떨어졌다
생각한다고 내 것이 될 수 없다
허상에 매달려 앙앙댔다
사막의 오아시스는 있지만
그 곳까지 가지 않는다
여기에 낙원이 있기 때문이다
함께한 사람과 무형, 유형 모든 것에
사랑하다 조용히 헤어졌다

한심한 생각

기분이 조금만 상해도 오래간다
아무 일 아닌데 마음이 상한다
어투만 이상해도 섭섭한 맘이 앞선다
아무렇지 않음에도 상념이 앞서곤 한다
일말의 말 한마디에 처연한 기분이다
무얼 못 먹었는지 못내 소화기능이 마비상태다
앞 옆통수가 짠하니 무겁다
어찔어찔 세상이 몇 개로 겹쳐진다
시야의 물체가 곱으로 나눠진다
내 이름으로 된 문패는 달아야
기분 좋게 갈 터인데
조금은 억울한 마음이다
그동안 국가 덕분에 잘 지내왔다
허나 이제는 내 것이 있어야겠다
저 멀리 석양 바라보며 준비할 것이
부지기수인데 지금은 늦은것 같다
해야 할 것 쓸 것 많은데
훌쩍 떠나면 안되지
천국백성이니 영원히 살집 한 채 주시리라

신 앙

신앙이란 무엇인가
철들 때부터 가졌지만 약한 것 같다
신학도 신앙도 동질인데 그렇지 않다
믿음의 갈급함도 있지만 허상도 있다

실상도 허상도 나를 막는다
여기저기에 나는 없다 믿음뿐이다
믿는자의 존재 나 자신만이 안다

일어나야 할 사람, 웃어야 할 기쁨의 것
소망의 닻을 내려야 할 믿음의 사람
정착을 못하고 부평초처럼 흘러 다닌다
어쩔 수 없이 떠 다니고 있지만
배는 떠 다녀야 배인 것을
항구에 정박은 잠깐인 것
여기저기 많은 일을 찾아가야 한다

신앙도 신앙처럼 찾아봐야 한다
믿음에 덕을 더한하면

바른 신앙인이 될 것이고 그만의 몫이리라
겨자씨만한 믿음만 있으면
큰 산을 바다에 메울 수 있다 했으니
작은 산이라도 옮겨보도록 해야겠다

겸 손

나서지 않아야 하는데
가지 않아야 하는데
이래저래 발목 잡혀 숨 넘어간다
때가 차면 서산마루에 해 걸리듯
인생도 가는 길 정해져 있거늘
알면서도 깨닫지 못하고 잊으며 산다

축령복음정신병원 환자처럼
모든 것을 잊으면 편하겠지만
그렇게는 죽어도 싫다
겸손치 못하다 욕먹을지언정 망각은 싫다
아무것도 모르는 것보다 미흡한 겸손이 낫다
조금 못해도 나를 살려야 건강할 수 있다
필요한 자리에 있다가
흔쾌히 떠나갈 수 있는 사람이 된다면
성인군자 아닌가
적당한 관망의 자세와
남의 뜻을 들어줄 수 있는 귀한 귀가 있다면
무엇이 부러우랴

사양(斜陽)녘에

노인 되면 환자 될까 두려워 찾아 보았네
늙으면 죽어야지 그 말은 거짓말이네
늙어도 나 살꺼야 끝까지 살꺼야
생로병사 역군으로 자리매김 대기하네
진정 이 길 이라면 조금 멀리 하늘나라 가겠네
어느 순간 기도하다 떠나가려하네
정신 있고 건강할 때 기도하며 떠나겠네
마누라보다 먼저 건강할 때 하늘나라 가겠네
잘 가라 배웅해 줄이 있을 때 떠나겠네
미련없이 떠나 요단강을 건너가겠네
남겨 놓은 것 크게 없지만
사노라고 살았으니 미련 없이 떠나겠네
누군지 기억할 때
일찌감치 가겠네
주여 어찌 하오리까 나를 받아 주소서
나의 영혼을 받아주소서 - 아멘 -

U P (업)

잘 먹고 화장실 찾아가니 기쁨이다
점수 낮아도 원하는 대학가면 기쁨이다
사는 게 지옥이래도 천국 약속되면 기쁨이다
숨 쉬고 살아 있다는 것은 절대적 기쁨이다
완쾌될 수 있다는 소망이 있다면 기쁨이다
아기 없어도 잉태할 수 있다면 기쁨이다
보약 못 먹어도 늙은 마누라 잔소리
소크라테스 악처보다 덜하면 건강하니 기쁨이다
젊다고 잘난 척 하면 늙기 기다리니 기쁨이다
결혼 늦어도 영육 간에 강건하면 기쁨이다
이 세상 아닌 저세상도 있으니 기쁨이다
멋진 성직자 내 천당 예약 지원 해주니
큰 기쁨이다 희망이다

무 상

새벽공기 찬데 아쉬움이 온다
모두들 건강하고 안정된 모습이다
낡아지고 희미해져 가는 순간이
못내 가슴 저리고 힘에 겹다
구부러지는 낡은 등줄기처럼
휘어진 허리에 삶의 무게는
배가 되어 짓누르고 있다
떨쳐내고 곧아지고 싶지만
곧추 세우기는 늦었고
엷은 햇살에 깊은 그늘이 깔릴 때
삶은 한편의 영화가 되고
만석, 말출, 영철이가 자막에 비친다
한때 만나 사랑했던 사람들
언제나 만나려나 보고 싶은 얼굴들
미명의 새벽길
매일 자전거 타고 지나가는 노파가 있다
하나님께 받은 생명
가끔은 벗어났던 그 길을 제대로 달려야겠다

기 도

기도는 나 외의 대상을 위하여
마음으로 이루는 바가 잘 되도록
빌어주는 것인데
무지몽매한 주문이 있다
우리는 맹목적인 기도를 하지 않는지
하나님 보시기에 적합한 기도를 하고
합한자의 기도로 맞춰 가는지 고민해야 한다
'아무것도 염려하지 말고
다만 모든 일에 기도와 간구로
너희 구할 것을 감사함으로
하나님께 아뢰라<빌립보서 4:6>' 고
기록된바 감사하며 구함으로
이루어진 줄로 생각하는 것이 기도건만
개인의 생각과 주문이 기도라
생각하는 자가 있음을 고찰하자
나라와 의를 위정자를 위하여
항상 기도하며
복 받는 모든 나라와 하나가 되자 -아멘-

근심걱정

주는 광대하시며 능력이 많으시며
지혜가 끝이 없으신 분인데 난 왜
걱정과 근심에 쌓인 날들 뿐이다
아까운 시간들
왜 근심걱정만 하고 있는가

주는 광대하시며 능력과 지혜가
끝이 없으신 분인데 그의 자녀된
내가 고민하고 허비하고 있는 현실이
답답한 심상이라
하나님 믿는 자가 왜 걱정과 근심에 쌓인
나날을 보내고 있는지

딱한 노릇은 봄눈 녹듯 녹여버리자

神이시여

神은 한 문(門)을 닫으면
한 문은 열어주신다고 약속하셨다
어떤 힘든 고난도
역사의 굴레에 해매일지라도
새로운 길을 열어 주신다고 하셨다
믿는다
믿고 있다
확실히 알고 있다
어린 시절 믿었던 소망을
지금도 기억하고 확신한다
신은 이 순간도 나를 기억해 주시고
행하는 역사를 기록 하신다
생활의 장을 역사하고 계심을 깨닫게 하신다
부자로 가난한자로 차별당하지 않게 하시고
잘나고 못나고 똑똑치 못하여 서열이 바뀌어도
나와 우리는 소중한 신의 자녀로다
동아줄 제대로 못 잡은 무능력자로 살아도
사랑해 주시고
귀하게 바라보시는 그윽한 눈빛을 보았는가

용서 받을 때에 용서해 주시고
칭찬할 때 칭찬해 주시는

지혜로 채워주시고
피할 시기와 장소를 제공하여
손해주지 않으시는

비가 오면 우산이 되고
바람이 불면 바람막이가 되어 주시는

철따라 때때로 주실 것을 주시며
세상 떠나 그곳에 가면
천국아파트 한 채 주시고 문패 붙여 주시리라

천생에

언제쯤이면 눈물이 가득 차오를까
석회석 같이 메마른 가슴
태고의 혼란과 혼돈속의 거칠고 황량한 가슴
천생에 나는 따뜻한 눈물과는 거리가 먼
사막의 왕자런가
척박한 산골짜기 산아기로 태어나
지금까지 오면서 삼천원짜리 주택복권이
행운의 전부였다
순간의 행운이 쌍수로 손짓함을 즐거워한다

즐거운 날이 슬픈 날보다 많았다
이제는 마음 깊은 곳에 펌프질하여
빈 가슴에 눈물샘을 가득 채워야겠다
많은 사람을 위하여 눈물로 위로하며
천생에 눈물이 많은 따뜻한 사람으로
기억하도록 살아야 한다

추한 자

은혜 받았음에도 은혜 갚지 못하고
사랑 받았음에도 사랑하지 못하고
살면서 삶의 본분과 직무는 다하지 못하고
세상에 태어나 존재를 두면서도
애만 태우게 하다 소리 없이 사라지는 자
자기만 호의호식하다 생을 마감하는 자
그는 추한자로다

차가운 새벽길

새벽 서녘에 큰 쟁반 하나
내 눈이 매달려 있다
만고의 천지가 쟁반을 띄웠다
하늘의 점 하나
그 점이 나이던가
많은 사람들이 나처럼 하늘을 보면서
쓰러져가는 생을 찬미, 아쉬워하며
풀과 꽃과 같은 생을 서러워도 했겠지
태어나 살다가 가는 것이 만고의
불멸의 법칙인데 왜 아직도 아쉬워하나
인생 자체의 정체성인가 의미인가
수많은 점 중에 하나의 점인 나
그 점마저 희미해지겠지

그러다 예수 믿는 기독교인이 되었다
삶의 비밀을 알기 위해
정체성을 알기 위해
기독교인이 된 것이다

인생 자체는 외롭고 서글프다
생각하기조차 싫은
뼛속까지 스며드는
처연함에 몸부림친다
밤하늘의 유성처럼 잠깐 제 몸을 태우다 사라진
다
먼지로 사라지는 줄 긋는 그 순간에 있지만
나는 천국백성으로 택함 받아 기쁜 마음으로
차가운 새벽길을 걷는다

3부

◆ 바다는 운다

41기 모범용사 2004.6.21

저무는 해는 새벽을 오라하네

저녁나절의 서쪽 하늘은
젖은 소녀의 눈망울이다

아스라한 기억들
일장춘몽 잠시잠깐 이었던가

세상눈치 사람눈치 보다가
인생 계급장이 밭고랑이 되었다

굴뚝 연기조차 흐늘거리고
곧고 맵시 나던 푸른 제복
싸나이는 어디로 갔나

내 떠나면 내 뒤에 누가
내 앞에 누가 있을까나
저무는 해는 새해 새날을 부르네

만추(晩秋)에

한때 말라 버린 낙엽이 힘없이 굴러가나
늦은 가을비 못내 삼키기 어렵다
몸뚱아리 생기 잃고 초겨울은 내일인데
칼바람은 협박할 것이고
물기마른 잎은 바스라지리라
새해 새날을 기다려볼까
더없는 날을 기대하며 숨바꼭질한다
술래는 외롭기만 하고
사라진 동무는 이제나 저제나

기운 해는 바로 설 줄 모르고
어둠은 서서히 대지를 숨겨준다

저 멀리 새끼 부르는 어미새 소리에
작은 가슴은 황망하기 그지없으나
떨어진 낙엽에도 조금의 온기는 있다
남은 온기로 희망을 가져 볼까
이 몸에 조금의 온기로
새 불을 지펴볼까, 늙은 몸은 몸이 아닌가

작은 사랑을 찾아가는 불씨가 되어볼까
얇은 등가죽에 허리는 굽어지고
두 다리는 힘없이 뒤뚱거리고
빛바랜 천 원짜리 몇 장이 주머니에서 논다
오라는데 없어도 갈 곳은 많고
배달원 청첩장이 늦으막의 손님이다
돌리도 내 청춘 돌리도고
악쓰는 소리만 가슴속을 돌아
방앗간 쌀 찧듯 입천장을 때린다

파 도

하늘과 바다가 맞닿은 곳에
파도가 있다
몰려왔다 용솟음 치고 부서지는 파도
세상의 쓰고 단 것 깨어지고
부서지는 곳

추하고 더러운 것 정화하는 곳
높은 자, 낮은 자, 높은 정승
돈 많은 부자, 망가진 홈리스의
애환까지도 산산이 부서트려
새 희망을 주는 파도여

그대의 일파만파 파도에
껄끄러운 것도 삼켜주는 파도여
미워했던 마음, 사돈 논살 때
배 아파했던 마음까지도
모두 용서하고 씻어주는 파도
너! 참, 아름답다 파도여...

흰머리

지는 해는 저 능선위에
생각 없이 걸려 있고

한해가 덧없이 손짓할 때
나무 한그루 심거나
집 한 채 짓지 못하고
아무것 한 것 없이
내일의 해가 찾아오면
나 모르는 흰머리만
수없이 많아 지겠지

작은 아쉬움

음료수 있어요?
없는데요
그럼 음료수 안 팔아요?
예 안 팝니다
아!
맛보고 싶은 음료수 한잔이 절절하다
그럼 물이래도 한 잔 주세요
먹고는 주위를 살펴보니
음료수 자판기가 있다
무성의한 사람 같으니
밖에 자판기 있다고 알려주면
동전 바꾸어 갈급한 맘 해소할 터인데
한마디 말도 없어 서운한 마음이 든다
여름한철 내내 기분이 언짢았다
나도 이제는 늙은이가 되었나보다
음료수 한잔 못 먹어 섭섭하니 말이다

일탈을 꿈꾸며

답답한 일상을 떠나
떠가는 뭉게구름에

피 끓는 젊음에 삭두질 같은
피할 수 없는 진한 아픔에

칠 흙 같이 어두운 밤
홀로 벌판에 섰다
약한 불빛조차도 없어
나는 묶였다

지척도 분간 못할 답답한
일상에 나는 잡혀 있다
이제 나는 희망도 소망도
한줄기 빛도 없는가
이대로 머물러 있어야 하는가

아 픔

후벼파진 폐부에
진한 고통이 따른다
인생의 종말이 이 아픔인가
아니면 살아있다는 표시인가

삶의 희열보다는 진한 아픔이
살아온 나날을 겹겹이 포위 한다
만나고 헤어짐의 연속에서
최후의 기쁨과 이별의 진한 아픔을 배웠다
인생은 뜬 구름과 한 줄기의
소낙비인 것을

바다는 운다

바다는 맨날 운다
끼룩거리는 갈매기도
멀리 등대불이 그리워
맨날 운다

고기잡이 나간 서방님 그리워
어촌에 아낙네도 맨 날 운다

맨날 맨날 울다보니
그렇게 바다가 되었나 보다

텃 세

안녕하세요 저는 누구입니다
오시느라 수고하셨습니다
잘 지내 봅시다
차암 그렇게 해주면
얼마나 좋을까마는
그런 사람 하나 없다

작은 나무 책상과 의자
거기에 낡은 몸 의탁하여 4시간
피곤이 쌓이는구나
엉덩이 방뎅이
목이, 머리가 띵하고
이곳 저곳 고통스럽다

사서 고생하는가 후회스럽기도 하고
잘 왔다고도 싶은데 세상을 알고
나도 더 알고 싶어서 시간을 죽여 가며
속절없이 내일을 또 기다린다

아 내 (1)

아내는 내 안의 귀중한 해라 했는데
너무도 소중한 해 인 줄 몰랐네
그 자리에 그렇게 있으리 했네

아내는 내 인생의
하나 밖에 없는 반려자인 것을
세상에서 제일 소중한
해 인줄 진정 몰랐네

그냥 그렇게 그 자리에
마냥 있을 줄로만 알았고
영원히 같이 갈 줄 알았네
바보같이 무심한 사람이었네
정말로 천치 같은 사람이었네

딸 아이

식구가 집에 많아 좋기는 한데
과년(過年)한 딸애의 웃음소리 좋기는 한데
그래도 조금은 걱정이 되고 염려가 된다

둥지를 떠날 때가 되면 떠나야 하는데
이별의 눈물이 재회의 눈물로 돌아 오는
기다리는 재미가 솔솔 할 터인데

예쁜 아이 안겨주고 해후하는
그 솔솔한 재미가 언제쯤 나에게도
느끼게 해 주려나 그 때가 꾀나 기다려진다

휴가중 (2)

휴가는 즐겁게
가족, 회사직원, 모두
그룹지어 떠났다

텅 빈 도시 여름 한낮
아스팔트위에 누워 있는 이들
머리에 띠 매고 생존의 구호

반대쪽엔 우리의 아들 딸 들
투구와 검은 제복 방패와 목봉 들고
땀은 범벅 숨은 헐떡
고통 속에 잡혀
철장버스에 갇히고
최루탄가스와 물대포
화염병투척이 남은 몫인가

내놓은 의견 받아 주는 이 없다
싸우는 고부보다 말리는 시누이

워킹톨

탄광촌 개발 미명 아래
카지노 만들어
많은 일거리와
국세수입도 늘었다(어느 때 뉴스)

워킹톨이란 외국영화를 보다
목재소를 마약 제조공장에
카지노를 악의 온상으로
정의의 보안관이 나타나
결국 카지노는 폐업시키고
목재소는 정상 가동시켜
마을을 살린다는 내용이다

재미 혹은 괜한 투기로
일확천금 눈 어두워
돈, 청춘, 가족 잃고
자살하던지 노숙자 신세
태어나 좋은 일은 못할망정
충혈된 토끼 눈

꼬인 창자, 타는 목
하늘의 비 한 방울로 목축이고
머리 뉘일 곳 없어 뜬구름처럼
산허리에 제 몸 맡기고 있다

버 튼

보이지 않는 힘으로
기계는 윙윙 돌아간다
낡은 벨트는 더 세게 털털댄다
나날이 가늘어지고 얇아진다
살찌고 두꺼워지면
즐거울 터인데
생활은 가을바람이다
뱃가죽은 책장의 콘사이스 같고
고민이 팔도를 넘나든다
시계바늘은 제자리만 돌고
숨은 가슴은 잘 익은 복숭아
그 재미가 솔솔하다

변덕스런 사람

변덕이
동짓날
팥죽 끓듯 한다

주관도 약속도
뚜렷하지 못한
모자란(못난) 사람의
그것은
나를 두고 한 말이다

부탁, 통사정
죽는시늉까지 해 놓고서
밤새 변해버린
심사가 한심하다

어디 중요한 일에 친한 친구가
그 변덕 받아줄리 만무하고
좁쌀 같은 심성에 몇 마리 참새나
친구 해야 할 것 같다

한 벌 옷

옷 한 벌 떳떳이 입혀주지 못한 졸장부
황금 들녘에 땅 한 평 밭뙈기 하나 없다
풍요로운 벌판에 벼한 톨 내 것이 없다
두 손에 주름살만 늘고 움켜쥔 것은 없다
가고는 싶어도 오라는 곳, 반겨 주는 자 없다
새로운 계절이 왔건만 옷 한 벌 못해줘 아쉽다
찬란한 백수의 주머니엔 동전 몇 개 쩔렁거린다
신검장에서 키가 1센티나 줄어들어 섭섭했다
당뇨는 없고 내장, 오장육부는 튼실하여
아직은 쓸만하고 혈압은 화만 안내면 110/80이고
치아는 나는 부실한데 사진에는 괜찮다하니
한 벌 옷 사주지 못하는 졸장부에 제 건강은
못된 망아지 뿔처럼 돋아 있기만 하다

교장선생님

초등학교 시절부터 지금까지
추억속의 손봉환 선생님과 박동규 교장선생님
지금의 영북중학교 장기문 교장선생님과
영북종합고등학교 신상호 교장선생님
마음속에 존경해 온
역대의 모든 선생님이시다
스승의 그림자도 밟을 수 없었던
그 시절이 그립다
지금은 사도(師道)가 땅에 떨어졌다고
일부는 말하고 있다
그러나 우리선생님은 만고에 살아계시다

어린아이의 지식과 지혜를
올곧음과 아름다운 세상을 위해서
존재하시기에
내 기억이 살아 있을 때 까지
존경하는 마음 간직할 것이다

달리는 허상

씨를 뿌리고자 한다
알차거나 튼실해야 한다
좋은 씨가 중간에 사라졌다
기름진 토양에 심겨질 씨
농부와 땅도 있는데 씨가 없다
허상인가
씨 뿌려 열매 맺고
말세까지 달려야 한다
그때까지 갈 것 인가

모두가 허상이다
닮을 것은 닮아야 하는데
빈 얼굴에 화장만 한다
철마의 녹슨 머리로
달려 나갈지 모르겠다
기름진 토양에 씨뿌리기 위해
멈추지 말아야 한다

침묵의 소리

사운드 오브 사일런스란 노래가 있다
난 그 노래를 좋아한다
침묵이 금이고 웅변은 은이라 했다
웅변만 해도 좋으련만
사설만으로 동이나 맞으려나
그러나 철모 속에 든 앎이나 있으니
그 소리가 뚫고 나오고 있잖는가
졸렬한 나의 생각이다
세상에 변명 없는 무덤 있다던가
모른 척 가만있으면 금이고
말 한마디 거들면 은이라
한번은 짚고 넘어갈 문자로다

존 재

칼바람이 불어온다
스치는 바람인가
약속의 소리인가
존재의 의미도 없이
바람은 불어온다

가고 또 한 바람이 온다
이제 오는 바람은
훈풍이 와야 한다
민초들은 헤어지고 찢긴
낡은 옷만 죽도록 걸쳤다
가려줄 옷 한 벌 없어도
따뜻한 바람이 불어와야 한다
존재의 가치도 없는 민초들에게
훈풍이 싸안아 주어야 한다

뭉툭한 펜촉

해는 서산에 기운다
기우는 이유는 알거나
시작과 끝은 있다
시작은 있는데 끝이 없는
사람이 있다
잉크는 메말라 쓸 수 없고
눈빛도 희미해져
사물을 관찰할 수 없다
징의 쪼임이 무섭다
생각도 샘물도 마르고
펜촉은 뭉툭해지고
정의도 무디어졌다
예리한 눈도 총기를 잃었다
한낮의 해와 지는 해도
한밤의 달도 못보고
서산마루에 울음 짓는 노루의
울음소리조차도

자기 생각

은혜도 모르는 금수 같은 사람
길가에 누워 자는 짐승들
안전 교육을 받지 못해
길가에서 누워 잔다
초청받지 않아서다
섭섭할 때가 있다
지금이 귀하다
귀한 오늘
내일은
더욱 귀하다
어제는 엉터리다
내일은 더 엉터릴 수 있다
사람들은 자기 생각만 한다
때로 시간은 망각과 친구사이다
망각과 친구 삼아야 내가 살 수 있다

무지렁이

의욕도 깊은 감정의 골도
낙엽하나에 애달픔을 겪을
무지렁이가 싫다
나뭇가지 사이로 불어오는
스산한 바람소리에 목이 매인다
나목은 외로움에 몸서리 치고
가을이 깊을수록 뼛속이 시려온다
이제 눈보라치는 겨울이 성큼 닥치리라
깊이 시려오는 휑한 심사에
눈물이 고드름 되어 처마 끝에 매달려도
무지렁이 속마음은 어떠한가
조개의 속살만큼이나 아플까나

쓸쓸한 밥그릇

가을 단풍은 빗물에 젖어
서늘한 냉기만 남았다
찬란한 햇빛에 향기롭던 추억
별무리에 즐겁던 귓속말들
하얀 이에 베어나던 반짝거림
쥐구멍에 잠깐 비친 빛줄기조차

제사 밥의 수다스러움과
홍시 육즙의 그 맛
손바닥에 배인 땀과 콩닥거림
포시시한 웃음에 볼우물
침 넘어가는 꼴딱 소리
와글짝짝 위하여도
총총히 사라지던 어둠의 소리
해돋이의 설레임과 석양의 아쉬움
여름날의 뭉게구름과 비온 뒤의 무지개 빛
이 모두를 쓸쓸한 내 밥그릇에 담아본다

‘잊혀진 계절’ 노래를 들으며

‘지금도 기억하고 있어요
시월의 마지막 밤을’ ~
참 좋은 노래가사다
인생의 꿈을 먹고 후회 없이 살고 싶다
열심히 살아가나 끝머리엔 후회한다
후회 없이 산다는 것은 불가능하다
지난 것을 그리워하는 것이 불꽃이다
울다가 웃는 어린아이처럼
속도 없는 허상이라
속절없이 주고 싶어도 줄 것이 없다
목구멍이 포도청이요 기다리는 검은 물인데
담은 생수, 검은 물조차도
이제금 잊혀진 계절속의
검을 물이나 많이 채워 보았으면

이 겨울 어쩌리요 대란이 다가온다
광풍이 몰아친다
배춧잎조차 없이 모진 광풍 막아 낼 수 있을까
잊혀진 계절이여 돌아오지도 말라

아 내 (2)

내안의 해라는 뜻의 아내
결실의 열매
세상을 짊어지고 갈 재목
전통의 화살
외롭고 슬플 때 동반자
망망대해 일엽편주의 순풍
길가에 핀 들꽃
굳굳하게 피어나는 야생초
온실안의 화초와 선택받은 배필감
예단 받은 축하 화환
건널목의 푸른 신호등(빨간 신호등)
태풍후의 파란하늘
촉촉이 내리는 봄비 여름날의 소낙비
가을바람과 떨어지는 낙엽
대지의 하얀 눈에 반사된 빛
나뭇가지에 맺힌 많은 눈꽃들
모든 것이 내안의 해에 숨어있다

무지몽매

갈대밭 한 평 등기 못해
그 많은 성냥갑 세우지도 못했다
흐르는 물가에 원두막 세워
향기 나는 참외 깍지 못하고
서리 구경만 즐거워했다
푸른색 옷만 평생 입고 다녔다
누런 종이에 까만 잉크
뿌리지도 못하고 날아다니다
키우지도 못하고 철조망만 벗한다
생각을 접어야 하나 그럴 수가 없다
짹짹거리는 강남의 제비소리
제비 맞을 준비 내세에서는 할 수 있을까

무지몽매한 바보소리 귓전을 떠돈다

치매와 헤어지기

순간의 기억만을 새처럼 노래한다

사랑과 슬픔으로 노래했던 기억들이
망각의 물소리에 묻혀 버렸다
칠십 평생의 해방기, 전쟁기, 혼란기, 개발기
혼돈과 혼란의 암울했던 순간들은
용케도 살아나와
마른 멸치 같은 육신하나 거둘만 하니
망각의 늪에 빠져 버렸다
웃음도 울음도 알지 못하고
눈시울의 뜨거운 감정도 잊었다

이제는 먹을 것만 기다리고 보채는 어린이라
한 많은 세월 그렇게 잊어야 하나
추억거리라도 그냥두면 아니 되는가
눈물 콧물 쏟아내는 그 즐거움은
어디로 떠났는지
치매와 헤어져야 한다

퇴 물

버려진 낡은 세탁기처럼
어느덧 퇴물신세라
한때 힘차게 돌려지던
아 옛날이여

모든 것 한때가 있지
넣었다 하면 새로운 희망이 쏟아져 나오고
총기(聰氣)에 영민함이 넘쳐 났었지

새롭게 변화시킬 수도
자기 것조차 가질 수 없는
낡은 인생이어라

김안과 병원

많이도 보셨지요
얇고 꾸부러진 눈동자

한 많은 세월에도
굳굳이 견뎌 왔건만
이제는 눈앞이 흐려지고
내딛을 발조차 힘이 부치고
세상마저 희미해졌다오

더 밝게 남은 세상 보려
종착지 가깝지만
나를 잡혀 수술대에 누웠다
희미하던 세계가
밝은 세상으로 돌아왔으면 좋겠다
아름답게 기억하고
남겨둘 것 두고 가야하지 않을까

상 처

상처가 아프지 않은 사람은 없다
흉터에 이유가 없는 사람도 없다
살면서 상처를 주기도 받기도 했다
이제 우리는 인정하고
제몫의 소리를 내야 한다
사람의 자리에서 흉터를 만들고
아파하거나 아프게 하지 않아야 한다

밤은 깊어간다
상처받은 사람들 흉터남지 않도록 싸매줘야겠다
나를 바라보는
내가 바라보는
사랑하는 세상과 사람들
따뜻이 보듬고 살아가야겠다

존경의 대상 다시 알기

어머니의 숭고한 사랑과
봉사의 마음에 깊은 존경심을 표한다
아픈 배를 움켜 잡으며
무거운 몸으로 열 달은 참으셨다
잉태의 감내를 대신하신 어머니처럼
아내에게도 같은 사랑과 존경심을
표해야함에 그리하지 못했다
때때로 후회한다
어머니는 존경하나
마음에서 우러나는 따뜻한 존경심을
아내에겐 하지 못했다
잘난 남자들이여
어머니에게 표시하는 존경심을
아내에게 같은 마음으로 표해보자

첫 눈

평평 내리던 흰 눈이 좋아
내 세상인양 강아지 뛰놀던 날
이제는 빙판길 걱정에
창밖에 눈길 주는 늙은이가 있다
세상이 하얗게 변했을 때
하얀 도화지에 멋진 무지개와
파란 하늘도 그렸는데
눈 녹듯 내 꿈은 사라지고
흐트러지고 굽어버린 현실
하얀 꿈은 검은 현실로 돌아오고
푸른 옷은 나목으로 바꿔 입고
훈풍은 칼바람에 쫓겨 가고
나의 따스하던 온기는 냉기로 채워지고
빛나던 눈빛은 생선처럼 변해 버리고
초롱초롱 빛나던 눈빛은
어물전 생선처럼 변해 버리고
잠에 취해 끄덕이던 어물전 주인
시계추와 같은 생인데
첫눈은 수레위에 나를 둔다

배 웅

가만히 서있는 고목은 고요하다
다만 생명이 있을 뿐이고
오감의 섭섭함만 깊게 느낀다
누구하나 섭섭하지 않을리 없지만
애달픈 마음에야 어쩌리요
태어나 살면서 오가는 길 모퉁이
낡은 헌신만을 한 켤레 남기고
머리칼은 어느덧 희끗희끗 초로이다
얼굴은 낯선 모습으로 자리매김하고
저 멀리 보이는 큰 바위 얼굴만이
내 속내를 읽은 듯 눈 웃음 친다

인생은 한스러운 것
학교운동장 고장 난 시계는
그래도 시간은 간다며 웃고 있고
아려오는 마음만 들쑤신다

아름답게 헤어지자

송년회에 벗하며

한해를 보낸다

즐겁고 슬펐던
다시 못 올 순간들

후회 없이 돌아갈 곳
그 나라가 있음에 기쁘다
대출통장만 남겨졌어도
살아온 것이 기쁘고 감사하다
잔치국수, 라면, 수제비 끼니조차 고맙다
푸성귀, 말라빠진 시래기에 밥알 몇 개
둘러앉아 빡빡 긁어 먹는 그 맛이
가족의 따뜻함이런가
통장에 잔고 없어도 화목하면 행복이라
이제 한 해를 보낸다
모여서 밥이라도 나눠먹고
덕담을 나누며 내년을 기약한다
보신각 종소리 울리는 종로거리에 있지 않아도
희망과 소망이 충만한 이 저녁이 감사하다

새벽의 꿈

새벽이 오는 길목에 서 있다

서울행 시외버스 한대가 다가오다 지나간다
몇 명의 승객들이 바쁜 일로 새벽차를 탔으리라
저기에 같이 갈거나
아직은 아침이 조금 일러
날은 차갑고 인적도 없다
겨울의 새벽은 더 춥다
따스한 온기가 그립다
한 잔의 커피가 생각난다
어둠 속으로 사라지던 35년 전의 용산역앞엔
작은 손수레에 실린 뜨거운 커피통이 있다
밤새 달려온 새벽 열차에서
피곤에 지친 사람들이
새벽의 어두움 속으로 사라지던 것이
지금도 생각난다

새벽의 꿈을 내려 놓는다
그래도 새벽의 꿈을 꾸고 싶다

소망의 닻을 내리는 새벽이 기다려진다
가시나무새 조차도 기다리는 새벽!

새벽에 홀로 서 있지만 혼자가 아니다
가족이 나를 도와주고 친구해주고 있으니
아직은 그래도 행복하기만 하다

찬사(讚辭) - 작품해설을 대신하여

진실에의 고백시(告白詩)에 새벽빛도 아름답다!

정 공 채

흔히들 말하기를 "시는 젊어서 써야 한다"고 얘기하기도 한다. 이 말은 매우 맞는 말이라고 응수해도 좋다. 시는 예술의 꽃을 언어로 피워내는 언어예술이고, 이 언어예술은 푸르고 싱그럽고 청신하고 젊으며 나아가 열정적인 우아함을 표출하기 때문에, 대개 인간의 감성이 차원 높게 출렁대고 있는 젊은 시절의 인생에게 딱 맞아드는 예술의 장르로 보는 경향이 강한 것이다. 한 마디로 일러, 시의 여러 장르 가운데서도 그 중 중심이 되고 대표격이 되는 서정시 세계가 바로 젊은 가슴에서 쓰여지는 「가슴의 시」이기에 그러하다는 것이다.

방금 서정시라는 시의 한 큰 종목을 들먹대었지만, 시의 종류도 시대의 변천에 따라 많이도 파생되어 왔다. 일찍이 현대시의 큰 흐름은 서정시와 더불어 서사시, 극시의 삼대별 (三大別)의 시형태와 시내용으로 고대 그리스로부터 전래해 왔었다. 하지만 19C 후반에 들어 시의 정통성 및 생명성이라 할 운율을 파괴하거나 무시해 버리는 「산문시」 형태 따위의-- 그래서 심지어 「자유시」라는 이름으로 불리는 시형(詩型)들이 너저분하게 등짝을 드러내는가 하면, 막상 20C에 들어서면서 서정시=주정시(主情詩)에 상대하듯 주지시(主知詩)가 현대문명 비판과 혜지적(慧智的) 상징의 조요(照耀)로움을 빛내이면서 새로운 시종목의 큰 주역으로 대두했었다.

시인 손영배님의 기념적인 첫 시집《**내일도 사람이 그립다**》라는 아주 감응 깊게 와 닿는 명제(命題)의 이 시집을 읽으면서, 나는 손시인의 다양하고도 다채로운 시형(詩型)이랄까, 그 시종목이랄까, 그 시성질이랄까... 하는 거침없는 자유자재의 시세계가 이 한 권의 시집에 집합되어, 어쩌면 현대시 특유의 향연을 펼치고 있지 않나...하는 놀라움에서 앞과 같은 현대시의 큰 흐름부터 짚어봤어야만 했고, 이 당위성(當爲性)이 시인의 여러 작품을 예시하면서 찬사(讚辭)를 보내야 할 까닭이 되고 있다.

현대시가 그 내용을 이루는 시의 성격상 매우 다양해지고 주제(詩題)로 삼는 대상 역시 다양해지면서, 소위 주지시(主知詩)라는 큰 개념의 흐름 가운데 사회(참여)시, 의식(비판)시, 인생시, 정치시, 잠언시, 신앙시(종교시), 체육시, 훈시(訓時)등등 그 갈래가 자못 달리 많이 별개(別個)해 있다.

이번 손영배시인의 시집에 실리는 1백여편의 작품성향을 대별해 보면 “젊어서 쓴다”는 서정시-- “가슴의 시편”들은 몇 편 안되고, 거의 대부분이 “머리로 쓴다”는 주지시 작품으로 이루어져 있다. 주지시-- 곧 지성적, 합리적, 이지적, 체험적, 경륜적인 내용을 주론(主論)삼아 작시하는 이 주지시 세계 가운데서도 유달리 신앙시와 인생시(생활시)가 그 비중을 크게 차지하고 있다.

새벽 서녘에 큰 쟁반 하나 / 내 눈이 매달려 있다/ 만고의 천지가 쟁반을 띄웠다 / 하늘의 점 하나 그 점이 나이던가 / 많은 사람들이 나처럼 하늘을 보면서 / 쓰러져가는 생을 찬미, 아쉬워하며 / 풀과 꽃과 같은 생을 서러워도 했겠지 / 태어나 살다가 가는 것이 만고의 불멸의 법칙인데 / 왜 아직도 아쉬워하나 / 인생 자체에 정체성인가 의미인가 / 수많은 점 중에 하나의 점인 나 / 그 점마저 희미해지겠지 / 그러다 나는 예수 믿는 기독교인이 되었다 / 삶의 비밀을 알기 위해 나의 정체성을 알기 위해 기독교인이 된 것이다 / 인생 자체는 외롭고 서글프다 / 생각하기조차 싫은 / 뼛속까지 스며드는 처연함에 몸부림친다 / 밤하늘의 유성처럼 잠깐 제 몸을 태우다 사라진다 / 먼지로 사라지는 줄 긋는 그 순간에 있지만 / 나는 천국백성으로 택함 받아 기쁜 마음으로 / 차가운 새벽길을 걷는다

시 《차가운 새벽길》 전문

평생 돈이란 놈 때문에 돌고 돌았다 / 월세금 제때 못내 망신살 당하고 / 도시락 제때 못 싸 거지신세 면하지 못했고 / 집 한 칸 지으려 땅 몇 평 저당 잡히고 / 저당 잡힌 땅 사

서 집 짓고 IMF 만나 / 이자 내다 목돈 한 번 만지지 못했고 / 월부 쓰다 이자 주다 고문관 되고 / 기웃거리다 귀는 웃자라 버렸고 / 티끌 모아 태산인데 바람에 날아버린 티끌로 / 이것저것 못 채운 통장만 덩그러니 나를 본다 / 봉사에 천당 갈 거라 목내 놓고 / 대출상환에 걸려 자식 전세 못 얻어주고 / 학자금 완납 못해 속은 새카맣고 / 괜한 미련이 지나쳐 화를 부르고 / 내용도 관심이 없다보니 나락(奈落)은 깊고 넓다 / 멋있고 공감 받는 시인되려고 하니 / 입에 풀칠조차 못해 거미줄 치게 되니 / 두어 달 남은 봉급줄에 마누라 등골 파먹고 / 호위호식에 눈치만 늘어가고 / 새벽시간 찬바람이 빈 전깃줄을 때린다 / 차라리 확신만 있다면 바람과 함께 / 저 멀리 가고파 두 눈을 꼭 감는다

시 《 돈 》 전문

앞의 시 《차가운 새벽길》은 기독교를 신앙하는 주인공의 가차 없는 신앙고백시이다. 거짓 없는 진실을 향해 새벽길에 교회당으로 가고 있는 시인의 아름답고 겸허한 모습에 공감이 간다. 그가 새벽길의 예배길 기도길에 나설 때 "새벽 서녘에 큰 쟁반 하나 / 내 눈이 매달려 있다 / 만고의 천지가 쟁반을 띄웠다"고 하면서 "하늘의 점 하나 그 점이 나이던가"로 하늘 아래 부여받고 사는 생의 기쁨과 영광을 순수 신앙으로 찬미하고 있다. 예배 보러, 기도 드리러 가는 《차가운 새벽길》이 마냥 이 신앙시인에게 강복(降福)의 길이 되고 있음을 우리는 순정되게 공감케 된다.

시 《돈》은 직설적인 생활시요, 돈 때문에 잡히고 묶여 살아가는 인생의 커다란 어려움이 아무런 수식이나 상징적인 은유도 없이 마냥 그대로 드러나는 인생시 그 자체이다. 돈 때문에 얽힌 사연은 안타깝고 구차스럽고 따분하기도 하다. 그러나 꾸밈없이 밝힌 생활에의 필요악 같은 존재 「돈」이 들어 인생을 좌지우지 시키고 있는 현실시는 정말 순수해서 좋다. 주지시 가운데서도 생활시 (인생시·현대시)나 기도시(종교시)와 같은 자아고백적 시작품일 경우, 아무래도 잔소리 따위 설익은 넋두리가 넘치게 되고 사연 또한 길게 마련이지만 손영배시인은 이를 잘 제어시키고 있다.

시 《차가운 새벽길》과 《돈》에는 흔히 산문체시(散文體시가 무시하거나 소홀히 여기는 리듬(운율)을 상실치 않고 있어 독시(讀詩)하기에도 순연해서 좋다. 껄끄러운 표출이거나 거듭 생경한 표현의 종교시나 인생시는 훈시(訓詩)의 역할마저도 못하고 마는 경우가 허다하지만, 손시인은 이를 잘 극복하고 승화시켜 시 읽는 재미까지 더해주기도 한다.

한 편의 종교시만 더 읽고 다음 얘기로 이어가자.

신앙이란 무엇인가 / 철들 때부터 가졌지만 약한 것 같다 / 신학도 신앙도 동질인데 그렇지 않다 / 믿음의 갈급함도 있지만 허상도 있다 / 실상도 허상도 나를 막는다 / 여기저기에 나는 없다 믿음뿐이다 / 믿는 자의 존재 나 자신만이 안다 / 일어나야할 사람, 웃어야 할 기쁨의 것 / 소망의 닻을 내려야 할 믿음의 사람 / 정착을 못하고 부평초처럼 흘러 다닌다 / 어쩔 수 없이 떠 다니고 있지만 / 배는 떠 다녀야 배인 것을 / 항구에 정박은 잠깐인 것 여기저기 많은 일을 찾아가야 한다 / 신앙도 신앙처럼 찾아봐야 한다 / 믿음에 덕을 더한다면 / 바른 신앙인이 될 것이고 그만의 몫이리라 / 겨자씨만한 믿음만 있으면 / 큰 산을 바다에 메울 수있다 했으니 / 작은 산이라도 옮겨보도록 해야겠다

시《신앙》

직설적이고 직단적(直斷的)이며 훈화적(訓話的)인 교훈까지 곁들인-사설(辭說)과 주장이 한데 어울린 교훈적 신앙시로서 전래(傳來)의 시체형시(詩体刑詩)에서 많이 읽어온 한 패러다임이기도 하다. 하지만 이 시《신앙》이 잘 읽혀들고 읽는 재미도 함께 주는 까닭은 전혀 과장됨이나 얄상한 꾸밈이 없이, 오직 진실 일변도의 신앙심을 시심에 실어 운율마져 이따금 살려가면서 노래로 시화(詩化)시켰기에 이 작품에도 사랑이 가는 것이다. 나는 손영배시인의 두툼한 시고를《제3의문학》주간 안익수시인에게서 전달 받고 단 한 편의 시도 빠뜨림 없이 심독(深讀)하고 나서 거시적(巨視的)인 시태(詩態)와 미시적(微視的)인 시정(詩情)을 양분시키는데 이 시집에 담긴 현란(?)한 전체작품을 파악함에 성공하였다. 그 결과 앞에 예거한 신앙시와 인생시 등을 먼저 밝혀보면서, 이제는 「미시적인 시정」으로 편리하게 드러낸 서정시를 몇 편 떠

올림으로써, 손시인을 일러 「신앙시인」에, 인생의 체험과 연륜과 혜지(慧智)로 경륜를 새긴 「인생시인」, 그리고 젊은 가슴으로 쓴다는 속된 비유(比喩)가 걸맞기도 한 「서정시인」을 겸하고 있음을 이 글의 도미(掉尾)로 장식함을 기쁘게 생각한다. "게으른 농부는 석양녘에 바쁘다"라고 했던가. 부지런한 농부는 놀이 질 무렵에 앞서 후련하게 그날의 농삿일을 말끔히 마치고 소방울소리 울리며 콧노래도 흥겹게 귀가 하겠지만, 게으른 농부는 놀이 다 지고 어둠의 그리메가 땅에 깔려 앞뒤 분간이 잘 안되는 늦은 시간까지에도 일에 매달리기도 한다. 부지런한 농부였다면 가슴의 꽃 서정시를 햇빛도 찬란할 때 이미 이룩해 놓았을테지만, 게으른 농부에겐 서정시는 가슴이 마르고 눈이 침침할 때 비로소 애써 찾으려 드는 암중모색(暗中摸索)의 시명(詩名)에 지나지 않는다 하겠다. 손시인의 다음의 서정시편들을 보면 정말 다행스럽게도 이 시인이 젊어서 부지런한 서정의 농부, 인생경륜이 쌓이면서 부터는 황혼녘에도 정감의 고운 가슴을 존귀하게 안고 사는, 결코 게으르지 않은 농부임을 우리는 이 자리에서 다 함께 감지할 수 있기에 거듭 찬사를 보낸다.

짐을 내려놓고 / 잊어야 / 내려놓지 못한 것 / 내려놓고 / 버려야 / 시간을 되새김질 하고 / 곤충의 허물 벗은 껍질처럼... / 이름 석 자 / 담아도 비워질 양 / 오늘도 젖은 옷을 벗는다 시 《세월》

길, 많은 사람들 / 길의 길을 / 살며 / 많은 일에 / 일순 떠나가야 한다 / 떠나가기 전 자욱들 / 순간 사라지는 것에 / 그림자… / 먼 봄이 오면 / 남은 자욱을 / 새소리에 묻고 싶다

시《발자욱》

바다는 맨날 운다 / 끼룩거리는 갈매기도 / 멀리 등대불이 그리워 / 맨날 운다 / 고기잡이 나간 서방님도 그리워 / 어촌에 아낙네도 맨날 운다 / 맨날 맨날 울다보니 / 그렇게 바다가 되었나 보다

시 《바다는 운다》

펑펑 나리던 흰눈이 좋아 / 내 세상인양 강아지 뛰놀던 날 / 이제는 빙판길 걱정에 / 창밖에 눈길 주는 늙은인가 있다 / 세상이 하얗게 변했을 때 / 하얀 도화지에 멋진 무지개와 / 파란 하늘도 그렸는데 / 눈 녹듯 내 꿈은 사라지고 / 흐트러지고 굽어버린 현실

(……중략)

초롱초롱 빛나던 눈빛은 / 어물전 생선처럼 변해 버리고 / 잠에 취해 끄덕이던 어물전 주인 / 시계추와 같은 생인데 / 이제금 첫눈은 수레위에 나를 둔다

시 《첫눈》

손시인이 일군 한 무리의 서정시는 앞에 예시한 이들 작품 이외에 더러 있기도 한데, 정감의 정점감정(頂點感情)인 비감(悲感)의 세계가 자못 놀라와 한참동안 이들 서정시에서 눈길을 떼지 못하고도 있다.

시 《세월》은 젊은 가슴 시절의 서정시는 결코 아니건만 그때의 감성 못잖은 비감의 결구(結句), "오늘도 젖은 옷을 벗는다"가 탈속(脫俗)의 경지도 훨씬 지난 시인의 허허로운 시심을 푸르게 꽃피워 젊고 싱그러움의 아름다움을 빛낸다. 시 《발자욱》에서도 결련(結聯)에 와서 "먼 봄이 오면 / 남은 자욱들 / 새소리에 묻고 싶다"로 종결지어, 시인의 놀라운 직관력과 언어절제가 상당한 위치에 와 닿았음을 암시해 주는 것 같기도 하다. 또한 "먼 봄이 오면"에서 "봄이 오면"이라는 단구(單句)의 무미건조함을 "먼"이 라고 하는 단 한 마디의 단어를 시어로 끌어들여 "봄이 오면"에 대한 멋진 레토릭으로 적시(摘示)한 이 수사법은 결코 평범한 시인의 기교라 믿어지지 아니한다. "먼 봄이 오면"-- 재음미 할수록 정감에 와 닿는 아름다운 서정시다. 시 《바다는 운다》는 시 본디의 모양새라 해도 좋을 운율시 형태의 정통시(正統詩)흐름에서 고운 서정시의 따사로움과 노래조의 정감을 기리고 있다. 곧 바다는 그 속성이 맨날 우는 명운(命運)으로 출렁대고, 바다에서 살아가는 갈매기 또한 이 큰 속성의 운행을 거역치 않으면서 공명해 맨날 운다. "멀리 등대불이 그리워"서도 비감을 울음으로 토해내고, 어촌의 아낙네도 빨간 부끄러움의 울음을 함께 승화시키고 있다. 쉽게 읽히면서도 바닷가 마을의 정취도 한 눈에 들어오는 서경적 서정시(敍景的 抒情詩)이다. 끝으로 시 《첫눈》은 앞의 서정시들에

비하면 단시가 아닌 표준형 시형태의 작품이다. 이 서정시에서는 인생과 세월과 꿈과 허망과 같은 삶의 운동과 퇴영(退嬰)이 시나브로 정감에 와 닿으면서 주제《첫눈》에 대한 심상을 인생에 비유해 회억(回憶)케 만든다. "이제금 첫눈은 수레위에 나를 둔다"로의 이 결구는 이 얼마나 서정시의 정감(아름다운 비감세계)을 빛내고 또 빛내고 있는가! 손영배시인의 문운에도 영광 깃드시길 빈다.

2008년 2월 20일 새벽 정공채 씀

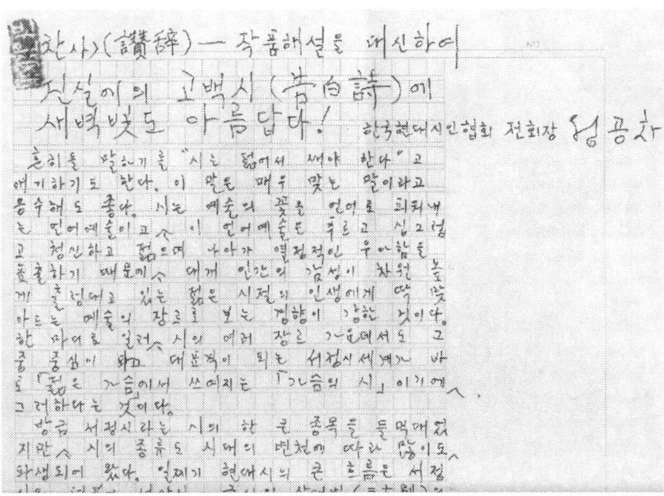
(찬사)(讚辭) — 작품해설을 대신하여

진실미의 고백시(告白詩)에 새벽빛도 아름답다!

한국현대시인협회 전회장 정공채

흔히들 말하기를 "시는 젊어서 써야 한다"고 얘기하기도 한다. 이 말은 매우 맞는 말이라고 응수해도 좋다. 시는 예술의 꽃을 언어로 피워내는 언어예술이고, 이 언어예술은 푸르고 싱그럽고 청신하고 젊으며 나아가 열정적인 우아함을 표출하기 때문에, 여기 인간의 감성이 차원 높게 출렁대고 있는 젊은 시절의 인생에게 딱 맞아드는 예술의 장르로 보는 경향이 강한 것이다. 한 마디로 일러, 시의 여러 장르 가운데서도 그 중 중심이 되고 대부분이 되는 서정시 세계가 바로 「젊은 가슴에서 쓰여지는 「가슴의 시」이기에, 그러하다는 것이다.

방금 서정시라는 시의 한 큰 종목을 들먹여 왔지만, 시의 종류도 시대의 변천에 따라 많이도 파생되어 왔다. 일찌기 현대시의 큰 흐름은 서정가운 새벽길》이 마냥 이 신앙시인에게 강복(降福)의 길이 되고 있슴을 우리는 순정되게 공감케 된다.

시 《돈》은 직설적인 생활시요, 돈 때문에 잡히고 묶여 살아가는 인생의 커다란 어려움이 아무런 수식이나 상징적인 은유도 없이 마냥 그대로 드러나는 인생시 그 자체이다. 돈 때문에 얽힌 사연은 안타깝고 구차스럽고 다분하기도 하다. 그러나 꾸밈없이 밝힌 생활에의 필요악같은 존재「돈」이 들어 인생을 좌지우지 시키고 있는, 이 현실시는 정말 순수해서 좋다. 주지시 가운데서도 생활시(인생시·현실시)나 기도시(종교시)와, 같은 자아고백적 시작품일 경우, 아무래도 잔소리 따위 설익은 넋두리가 넘치게 되고 사연 또한 길게 마련이지만 손영배시인은 이를 잘 제어시키고 있다.

시 《차가운 새벽길》과 《돈》에는 흔히 산문체시(散文体詩)가 무시하거나 소홀히 여기는 리듬(운률)을 상실치 않고 있어 독시(讀詩)하기에도 순열해서 좋다. 꺼끄러운 표출이거나 거듭 생경한 표현의 종교시나 인생시는 훈시(訓詩)의 역할마저도 못하고 마는 경우가 허다하지만, 손리기도 한다.

부지런한 농부였다면 가슴의 꽃 서정시를 햇빛도 찬란할 때 이미 이룩해 놓았을 테지만 게으른 농부에겐 서정시는 가슴이 마르고 눈이 침침할 때 비로소 애써 찾으려 드는 암중모색(暗中摸索)의 시명(詩名)에 지나지 않는다 하겠다.

손 시인의 다음의 서정시편들을 보면 정말 다행스럽게도 이 시인이 젊어서 부지런한 서정의 농부 인생경륜이 쌓이면서 부터는 황혼녘에도 정감의 고운 가슴을 존귀하게 안고 사는 결코 게으르지 않은 농부임을 우리는 이 자리에서 다 함께 감지할 수 있기에 거듭 찬사를 보낸다.

짐을 내려놓고
잊어야

내려놓지 못한 것
내려놓고
버려야

시간을 되새김질 하고
곤충의 허물 벗은 껍질처럼….

이름 석자
담아도 비워질 양
오늘도 젖은 옷을 벗는다

— 시 《세월》

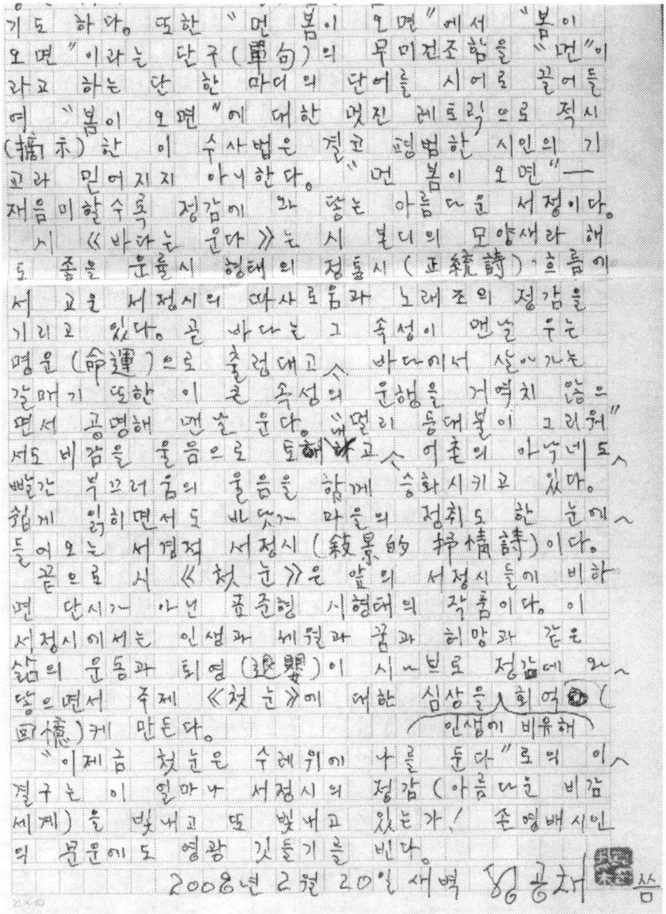

기도 하다. 또한 "먼 봄이 오면"에서 "봄이 오면"이라는 단구(單句)의 무미건조함을 "먼"이라고 하는 단 한 마디의 단어를 시어로 끌어들여 "봄이 오면"에 대한 멋진 레토릭으로 적시(摘示)한 이 수사법은 결코 평범한 시인의 기교라 믿어지지 아니한다. "먼 봄이 오면"— 재음미할수록 정감에 와 닿는 아름다운 서정이다.

시 《바다는 운다》는 시 본디의 모양새라 해도 좋을 운율시 형태의 정통시(正統詩) 흐름에서 고운 서정시의 따사로움과 노래조의 정감을 그리고 있다. 곧 바다는 그 속성이 맨날 우는 명운(命運)으로 출렁대고 바다에서 살아가는 갈매기 또한 이 속성의 운행을 거역치 않으면서 공명해 맨날 운다. "(내) 멀리 등대불이 그리워"서도 비감을 울음으로 토해내고 어촌의 아낙네도 빨간 부끄러움의 울음을 함께 승화시키고 있다. 쉽게 읽히면서도 바닷가 마을의 정취도 한 눈에 들어오는 서경적 서정시(敍景的 抒情詩)이다.

끝으로 시 《첫 눈》은 앞의 서정시들에 비하면 단시가 아닌 중준형 시형태의 작품이다. 이 서정시에서는 인생과 세월과 꿈과 희망과 같은 삶의 운동과 투영(投影)이 시 [illegible]로 정감에 와 닿으면서 주제 《첫 눈》에 대한 심상을 (인생에 비유해) 회억(回憶)케 만든다.

"이제금 첫눈은 수레위에 나를 둔다"로서 이 결구는 이 얼마나 서정시의 정감(아름다운 비감세계)을 빛내고 또 빛내고 있는가! 손영배 시인의 문운에도 영광 깃들기를 빈다.

2008년 2월 20일 새벽 정공채 씀

< 정 공 채 시인 찬사 육필중에서>